Tatjana Bangerter

Die 5 GESCHENKE DES LEBENS

Entdecke das WUNDER DEINES SEINS

Schirner Verlag

ISBN 978-3-8434-5171-0

Tatjana Bangerter:
Die fünf Geschenke des Lebens
Entdecke das Wunder deines Seins

Umschlag: Simone Fleck, Schirner,
unter Verwendung von #635511446
(© Minur), www.shutterstock.com
Layout: Marie Springer, Schirner
Lektorat: Natalie Köhler & Katja Hiller,
Schirner
Printed by: Ren Medien GmbH,
Germany

www.schirner.com

1. Auflage Juli 2018

INHALT

Widmung

Im Grunde sind wir alle eins –
jeder auf seine Weise.

DAS WUNDER DES LEBENS

Das Leben ist das Kostbarste, was wir besitzen. Es ist die Leinwand, auf die wir unser Sein hier auf Erden zeichnen. Leben ist die Kraft, die uns unsere Existenz ermöglicht. Aber unser Leben gehört nicht uns. Es ist eine Leihgabe der Natur, im Besitz von Werden und Vergehen. Doch wir selbst sind dafür verantwortlich, und wir entscheiden, was wir daraus machen. Die fünf Geschenke des Lebens, die ich dir vorstellen möchte, sind die Werkzeuge, mit denen wir unser Leben meistern können. Sie wurden uns allen mit auf den Weg gegeben. Wie wir sie nutzen, ist jedoch jedem Einzelnen selbst überlassen.

Das Leben ist ein Geschenk. Mehr als das: Es ist ein Wunder. Und ich liebe das Leben. Dafür gibt es viele Gründe. Einer davon ist, dass ich mein Leben einmal fast verloren hätte. In meiner Jugend fuhr ich gern Kajak, wir waren oft auf dem Wildwasser, und ich genoss die Fahrten in den tosenden Bächen und über die sprudelnden Schwellen. Bei einer dieser Touren blieb mein Boot zwischen zwei Steinen hängen, und ich wurde unter Wasser gedrückt. Ich war eingeklemmt, steckte mit dem Kopf unter Wasser, und plötzlich stand die Zeit still. Ich wurde ganz ruhig, und eine große Traurigkeit erfüllte mich, als mir bewusst wurde, dass ich mein Leben mit den vielen Möglichkeiten, die es mir bot, liebte. Ich fand es unendlich schade, dass meine Zeit hier auf Erden schon vorbei sein sollte. Zugleich sah ich all die Menschen vor meinem inneren Auge, die mir fehlen würden und mit denen ich gern noch etwas mehr Zeit verbracht hätte. In dieser Ruhe fand ich die Kraft, mich mithilfe meines Paddels aus dem Wasser hochzustemmen. Mir kam es vor, als fände das Pad-

del ganz allein die richtige Stelle, um sich so einzuhaken, dass sich das Boot wieder umdrehen konnte. Es fühlte sich an, als hätte eine andere Kraft das Boot befreit. Als ich auftauchte und gierig einen ersten Atemzug nahm, sah ich, dass ich allein im Wasser war. Meine Freunde standen am Rand des Ufers und warfen mir gerade ein Rettungsseil zu. Die Zeit unter Wasser war mir zwar wie eine Ewigkeit vorgekommen, doch in Wirklichkeit waren es weniger als zwei Minuten. Alles ist gut ausgegangen.

Was mir am Ende dieses Erlebnisses geblieben ist, ist das tiefe Gefühl der Liebe für das Leben und die Menschen sowie das Wissen, dass der Tod nicht das Ende ist. In dem Moment der Ruhe und des Friedens, den ich unter Wasser erfahren durfte, nahm ich tief in mir das Gefühl wahr, willkommen zu sein. Ich wusste, dass der Tod nur das Durchschreiten eines Tores in ein neues Bewusstsein ist. Ja, die anderen Menschen und meinen Körper würde ich auf der Erde zurücklassen, doch was auf der anderen Seite auf mich wartete, war schön und von tiefer Ruhe und unendlichem Frieden erfüllt. Ich nahm deutlich wahr, dass da etwas in mir war, was genau wusste, wohin die Reise gehen würde, und dieser Teil in mir freute sich darauf.

Seit diesem Erlebnis bin ich davon überzeugt, dass es ein Leben nach dem Tod gibt. Trotzdem habe ich es mit dem Sterben nicht eilig und bin zutiefst dankbar dafür, dass ich damals mit dem Leben davongekommen bin. Es sollte jedoch ein ähnliches Ereignis zehn Jahre später vonnöten sein, damit ich mich tief greifender mit dem Leben auseinandersetzte: Ein zweiter Sportunfall, dieses Mal mit dem Gleitschirm, rüttelte mich auf, und ich überdachte mein Leben von Grund auf. Ich glaubte nicht daran, dass ich noch eine weitere Chance bekommen würde, und mir wurde klar, dass ich nicht auf dem richtigen Weg war. Die bewusste Suche nach meinem Lebenssinn begann. Ich war der festen Überzeugung, dass das Leben einen besonderen Sinn haben müsste und wir alle mit einer individuellen Lebensaufgabe geboren werden. Wir müssen diese nur finden und erfüllen, dann werden wir glücklich. Tatsächlich habe ich meinen Lebenssinn gefunden, und mein Leben fühlt sich dadurch wirklich erfüllter an. Glück und Zufriedenheit sind damit aber noch nicht garantiert.

Unser Leben ist stets im Wandel. Es ist voller Veränderungen und stellt uns immer wieder vor neue Herausforderungen. Die gute Nachricht ist: Wir tragen alles in uns, was wir benötigen, um selbstbestimmt unser Leben zu gestalten. Dieses Buch soll dir dein wunderbares Potenzial bewusst machen, das du mit den fünf Geschenken des Lebens in dir trägst. Es will dich ermutigen, sie bewusst einzusetzen, denn sie sind der Schlüssel zu einem erfüllten Leben, in dem du selbst bestimmst, wie du es führen möchtest. Neben praktischen Übungen und Beispielen aus meiner Tätigkeit als Lebensberaterin und Kinesiologin dient dir dein Lebenssinn als Orientierungshilfe für deinen Weg. Deinen individuellen Lebenssinn kannst du in der Übung »Finde deinen Lebenssinn – so geht's!« spielerisch enthüllen.

Nun möchte ich dich nicht länger warten lassen. Entdecke die fünf Geschenke im nächsten Kapitel!

DIE 5 GESCHENKE DES LEBENS

Wie beschreibt man etwas unendlich Kostbares und im Grunde genommen Unbeschreibliches? Wir können das Leben spüren, fühlen und wahrnehmen. Darüber nachzudenken und zu schreiben, hat jedoch mit dem eigentlichen Leben nicht viel zu tun. Jeder Mensch hat ein anderes Verständnis davon, was das Leben bedeutet und was es ausmacht. Doch erklären, was Leben genau ist, kann niemand. Jeder von uns trägt es in sich und kann sich daher seine eigene Meinung dazu bilden.

Mein Wunsch war schon immer, zu verstehen, wozu wir am Leben sind. Gibt es einen Grund? Ist eine Aufgabe damit verbunden? Was ist der eigentliche Sinn des Lebens? Weshalb sagen manche Menschen, dass sie ein gutes Leben haben, während andere ihr Leben als schwer empfinden? Und wie kommt es, dass einige trotz unwürdiger Lebensumstände glücklicher wirken als die, die im vermeintlichen Paradies leben?

Auf der Suche nach Antworten ist mir Folgendes klar geworden: Wir tragen fünf Geschenke in uns, die alles sind, was wir brauchen, um unser Leben zu meistern. Das bedeutet, dass jeder von uns über die Fähigkeit verfügt, ein bewusstes und selbstverantwortliches Leben zu führen. Selbstverantwortlich heißt dabei, dass wir unser Selbst erkennen und wahrnehmen. Bewusst weist darauf hin, dass wir wissen, welche unsere Werte im Leben sind und worauf wir hinarbeiten, weil es uns Erfüllung bringt. So gestalten wir uns ein Leben, das die Liebe einlädt und mithilft, das zu erschaffen, was uns am Herzen liegt. Das Leben ist eine Meisterschaft und der Mensch ein Meister, der übt. Wir müssen die Geschenke des Lebens nur erkennen und uns darin üben, sie zu nutzen.

Die fünf Geschenke des Lebens sind:

» **die Liebe**
» **das Selbst**
» **die Intuition**
» **der freie Wille**
» **die Schöpferkraft**

Jedes dieser Geschenke wäre ein eigenes Buch von vielen Hundert Seiten wert. Ich möchte mich hier jedoch auf das Wesentliche, die Essenz der einzelnen Geschenke, konzentrieren und dich mit praktischen Übungen dazu anleiten, die Geschenke ab sofort bewusst zu nutzen. Müsste ich die fünf Geschenke des Lebens in einen Slogan zusammenfassen, würde er lauten: **»Lieben. Sein. Tun.«**

GESCHENK 1

Die Liebe oder »Wozu bin ich hier?«

Hätte ich alle Weisheit,
wäre pures Selbst und
hätte tausend Engel um mich,
so wäre da noch immer mein Leben,
das gelebt werden will.
(Leben ist Liebe)

Wozu sind wir hier? Es gibt wohl keine Frage, die uns Menschen mehr beschäftigt. Auch ich versuche immer wieder, Antworten auf diese Frage zu finden. Ich bin Mutter, Ehefrau, Geliebte, Tochter, Schwester, Freundin, Kinesiologin, Lebensberaterin, Kollegin, Konsumentin, Seelenführerin, Herzensbotschafterin, Frau, Autorin, Naturliebhaberin, Mensch und vieles mehr. Doch keine dieser Antworten kann mich auf Dauer zufriedenstellen. Immer wieder beschleicht mich das Gefühl, dass es noch mehr geben muss und dass dies nicht die Antwort sein kann. Eines Tages kam mir bei einem Waldspaziergang vorangehendes Gedicht in den Sinn. Seitdem denke ich immer, wenn ich mir die Frage »Wozu bin ich hier?« stelle, dass das Leben da ist, um gelebt zu werden. Das Leben ist nichts anderes als die Liebe, die sich selbst erfahren will. Sie ist das größte Geschenk des Lebens.

WAS IST LIEBE?

Weil wir leben, haben wir die Möglichkeit, die Liebe zu erfahren – doch was ist Liebe? Die wohl einfachste Erklärung ist: Alles! Liebe ist alles, was ist. Liebe ist die Wahrnehmung von Gott, in Emotionen ausgedrückt. Die Wahrnehmung von Gott, der allem innewohnt, körperlich wahrgenommen. Das, was den Menschen in jeder Zelle und jeder Faser seines Körpers und darüber hinaus erfüllt, wenn er sein Selbst erkennt.

Wenn du unsicher bist, wie du am besten an eine bestimmte Herausforderung herangehst, kannst du dich fragen: »Was würde mir die Liebe raten?« Sehen wir in Liebe auf das Leben, erblüht es, und wir erkennen unser Potenzial. Vielleicht ist nicht immer

alles so, wie wir es uns wünschen. Nehmen wir es jedoch in Liebe an, kann es genau zu dem werden, wonach wir uns sehnen.

Ich bin davon überzeugt, dass jeder im Grunde seines Herzens weiß, was Liebe ist. Obwohl wir sie meist erkennen, wenn sie uns begegnet, heißt das nicht unbedingt, dass wir fähig sind, unsere Herzen zu öffnen und die Liebe frei fließen zu lassen. Ob wir diese Fähigkeit besitzen, hängt unter anderem davon ab, was wir in unserem Leben bereits erlebt haben und wie wir mit dem Erlebten umgehen. Wir werden als »vollkommene« Menschen geboren. Unsere Herzen sind voller Liebe und uns kann

1

nichts daran hindern, diese in all ihrer Kraft mit der Welt zu teilen. Weshalb sonst fliegen kleinen Kindern die Herzen zu? Doch was führt dazu, dass wir beginnen, unsere Liebe zurückzuhalten? Wenn uns etwas verletzt, ziehen wir uns zurück und versuchen, unser Herz zu schützen. Dies hat zur Folge, dass die Liebe nicht mehr ungehindert fließt. Wir dosieren und kontrollieren unsere Liebe, was uns sehr viel Energie kostet. Aus eigener Erfahrung weiß ich, dass wir uns mit dieser Schutzmaßnahme – den Mauern, die wir um unser Herzen bauen – selbst am meisten verletzen. Wir schließen die Liebe im Herzen ein und verlieren so den Kontakt zu ihr.

Wie gelingt es uns, zu unserer Liebe zurückzufinden? Wie können wir unser Herz öffnen, damit die Liebe wieder ungehindert zu uns durchdringen und sich ausbreiten kann? Auch wenn wir uns der Liebe verschlossen haben, tragen wir sie immer noch in uns. Im Grunde geht es nur darum, sich selbst nicht im Weg zu stehen. Dies können wir tun, indem wir uns unserem Herzen und dem natürlichen Fluss der Liebe nicht entgegenstellen, sie also nicht mit unserem Verstand, unserem Ego oder unserer Angst blockieren. Entscheiden wir uns dafür, das Herz und die Liebe in den Mittelpunkt unseres Seins zu rücken, so werden Ego, Verstand und Angst zu wertvollen Begleitern und Helfern des Herzens. Wenn wir wissen, was wir uns von Herzen wünschen, und den Verstand mit im Boot haben, nutzt dieser Ego und Angst, um uns darauf aufmerksam zu machen, wenn wir uns auf Abwegen befinden. So können Ego, Verstand und Angst mit dem Herzen ein Dream-Team bilden. Wenn wir uns selbst genau so, wie wir sind, von ganzem Herzen lieben, dann öffnet sich unser Herz, und die Liebe findet ihren Weg in unser Leben.

WIE FUNKTIONIERT LIEBE?

Der beste Weg, Liebe zu schenken und zu erfahren, ist die Selbstliebe. Lieben wir uns selbst so, wie wir jetzt sind, können wir Liebe bedingungslos annehmen und weitergeben. Lasse alles weg, was nicht Liebe ist. Werte und vergleiche nicht, sondern lasse einfach zu, was da ist. Klingt gar nicht so schwierig, oder? Das, worauf du deine Aufmerksamkeit richtest, ist zugleich das, was du in dein Leben holst und dem du Platz in deinem Leben einrichtest. Überlege dir gut, worauf du dein Leben aufbauen möchtest, worauf du deine Gedanken, deine Handlungen und deine Worte konzentrierst. Was nährst du mit deiner Aufmerksamkeit? Sind es Wut, Neid, Angst,

Ärger, das Schwere, Dunkle und Traurige oder Freude, Friede, Überraschung, das Leichte, Helle und Fröhliche? Hierin steckt keine Wertung, sondern die Frage an dich: Was von alledem möchtest du in dein Leben ziehen? Es ist deine Entscheidung, wem oder was du Raum in deinem Leben gibst. Es ist deine Entscheidung, wie du lebst. Unsere Umwelt ist ein Spiegel, der uns zeigt, ob wir uns selbst lieben: Gelingt uns dies, fällt es uns auch leicht, unsere Mitmenschen und die Herausforderungen, die uns im täglichen Leben begegnen, anzunehmen. Selbstannahme ist nichts anderes als das Ja zum Leben in all seinen Facetten. Wenn wir uns selbst lieben, sagen

wir Ja zu uns und unserem Leben – so, wie es war, wie es ist und wie es sein wird. Das ist die Grundvoraussetzung dafür, das zu erschaffen, was wir uns in unserem Herzen wirklich wünschen.

Für die Liebe finden wir viele Umschreibungen: Lieben wir uns selbst, sprechen wir von Selbstliebe. Geht es um die Liebe zum Partner, ist die Liebe romantischer Art, und die Liebe der Eltern zu ihren Kindern nennen wir Elternliebe. Egal, wen wir lieben, unsere Herzensenergie fließt immer aus derselben unerschöpflichen Quelle der Liebe. Wie auch immer wir diese Quelle nennen (Gott, Natur, Schicksal, Liebe, Licht, etc.), es liegt in unserer Natur, mit ihr verbunden zu sein. Das ist es, was ich ausdrücken möchte, wenn ich sage »Wir tragen alles, was wir brauchen, in uns«, denn die Quelle der Liebe finden wir in uns selbst. In meiner Wahrnehmung erstrahlt die reine Liebe in goldenem Licht. Dieses Licht findet sich in allem, was ist. Es ist die Seele jeder Sache, ihr Lebensfunke. Früher versuchten Alchemisten, alles in Gold zu verwandeln. Darin sehe ich ein großes Missverständnis. Alles, was existiert, ist Gold, denn es entstammt der Urenergie der reinen Liebe und erstrahlt in goldenem Licht, wenn es sich selbst als die reine Liebe erkennt. Liebe ist die Ursubstanz, aus der alles Existierende besteht. Auch wir Menschen und das Leben selbst sind Liebe. Was auch immer wir erschaffen, stammt aus dieser Quelle und wird von ihr genährt – auch die Essenz unseres Seins: das Selbst.

Ein Geschenk an sich selbst

Immer wieder suchen Menschen in meiner Praxis Hilfe, weil sie unzufrieden mit ihrem Leben sind. Der Grund dafür ist oft, dass sie sich nicht genug geliebt fühlen. Dies schieben sie zum Beispiel darauf, dass ihr Chef ihre Arbeit zu wenig würdigt, weil sie bei Lohnverhandlungen übergangen wurden oder ihre Leistungen von niemandem gesehen und wertgeschätzt werden. Oft ist es auch die Partnerin oder der Partner, der ihnen nicht das Gefühl gibt, genügend geliebt zu werden. In beiden Fällen werden Liebe und Anerkennung im Außen gesucht. Ich bitte diese Menschen dann oft, sich zu fragen: »Was fehlt mir am meisten? Was wünsche ich mir von meinem Chef oder meinem Partner?« Die Antworten lauten meist: »Zuhören«, »Respekt«, »Achtsamkeit« oder »Worte der Liebe«. Auf meine Frage, ob sie sich selbst Achtsamkeit, Respekt, Aufmerksamkeit und Worte der Liebe schenken und ob sie dies

auch ihren Mitmenschen gegenüber tun, werden sie meist sehr nachdenklich.
Wie ist es bei dir? Liebst du dich? Achtest du dich? Hörst du dir zu? Was wünschst du dir von deinen Mitmenschen? Wie wäre es, wenn du bei dir beginnen würdest, indem du dir das Gewünschte selbst schenkst?

1

ÜBUNG

Nimm dir Zeit (nur für dich)

Baue ganz bewusst Zeitinseln in deinen Alltag ein, in denen du dir Zeit nur für dich nimmst, deinen Gedanken nachhängst und einmal nichts tun musst. Zweimal fünf Minuten pro Tag können Wunder wirken. In dieser Zeit kannst du tun, was dir guttut: ein kurzer Spaziergang, ein Moment des Innehaltens im eigenen Garten, eine Tasse Tee ohne Ablenkung durch Smartphone oder Zeitung, vor dem Zubettgehen in Ruhe die Füße eincremen oder dem Tagebuch ein paar Zeilen anvertrauen … Komme zur Ruhe, und gib deiner Seele so die Chance, wahrgenommen zu werden.

ÜBUNG

Sage Ja!

Ganz gleich, was du in diesem Moment erlebst, denkst oder fühlst, nimm es einfach an, wie es ist. Sage Ja dazu, dass du gerade im Stau stehst und dich darüber ärgerst. Sage Ja dazu, dass du dich deswegen gestresst fühlst, vielleicht gerade einen Termin und womöglich eine geniale Chance verpasst. Kämpfe nicht dagegen an, sondern akzeptiere, was du nicht ändern kannst, und sage in Gedanken oder laut Ja.

Nachdem du das immer wieder geübt hast, kannst du die Übung vertiefen, indem du sie auf dich anwendest. Sage Ja zu dir selbst: zu allem, was du denkst, tust und bist. Sage Ja zu deiner krummen Nase und deinem Körpergewicht, und akzeptiere, dass du ein Morgenmuffel bist. Höre auf, ständig an dir herumzunörgeln, und nimm dich genau so an, wie du bist.

GESCHENK 2

Das Selbst oder »Wer bin ich?«

Das zweite Geschenk des Lebens ist unser Selbst, unser innerstes Wesen. »Erkenne dich selbst!«, lautet die berühmte Inschrift des Apollontempel in Delphi. Doch was ist das Selbst, und wie können wir mit ihm in Berührung kommen, wie es erkennen? Hattest du schon einmal Angst und warst dir zugleich deiner Angst bewusst, weil ein Teil in dir den ängstlichen Teil beobachtet hat? Dieser Beobachter ist das Selbst, und dieses Selbst ist vollkommen neutral. Es verspürt weder Angst noch Verliebtsein, es macht sich keine Sorgen, und es hegt auch keine Erwartungen. Es ist einfach, was es ist – ein Ich-Bin, das aus reiner Liebe besteht.

Eine Frage, die uns hilft, unser Selbst zu erkennen, ist: »Wer bin ich?« Stelle dir diese Frage immer wieder: in der Meditation, bei einem Spaziergang, während eines Gespräches, bevor du einschläfst, kurz nach dem Aufwachen, während du eine Tasse Tee oder Kaffee trinkst. Diese Frage ist wunderbar, denn sie führt dich direkt in dein Ego, das sich nach und nach auflösen wird, weil es nur ein Konstrukt deiner Gedanken ist und im Grunde genommen nicht existiert. Am Ende bleibt das wahre Selbst übrig. Versuche es, denn das Selbst kann nicht erklärt, sondern nur erfahren werden.

Nach meinem Empfinden wohnt das Selbst in unseren Herzen und ist mit der Seele gleichzusetzen: dieser Lebensfunke in unserer Mitte, den ich als Flamme tief in meiner Brust wahrnehme. Es ist eine Flamme, die in allen Farben leuchtet. Nehme ich sie bewusst wahr und schenke ihr Aufmerksamkeit, so wird sie größer und erstrahlt in goldweißem Licht, ähnlich dem der Sonne. Das Selbst, die Seele, der Lebensfunke – dies alles sind Begriffe für das eine in uns, das wir auch Liebe nennen können und das uns unseren Zugang zum Leben ermöglicht – zu allem, was ist, und zur Quelle, aus der alles schöpft. Ich bin überzeugt, wir sind genau das: unser Selbst.

Nicht mehr und nicht weniger. Lassen wir alles weg, was wir nicht sind, was wir zu sein oder sein zu müssen glauben, dann bleibt unsere Essenz übrig, unser Selbst. Dieses Selbst ist es, das uns hierher auf die Erde gelockt hat, das beschlossen hat, dieses Leben anzunehmen, und das sich für dieses Leben so einiges vorgenommen hat. Unter anderem die Liebe kennenzulernen und zu erleben, dass auch es selbst nichts als Liebe ist. Das ist vielleicht der einzige Grund, weshalb wir hier sind.

Selbstfindung

Wenn Menschen zu mir in die Praxis kommen, frage ich sie zuerst: »Was motiviert Sie, zu mir zu kommen? Was wünschen Sie sich? Was möchten Sie verändern?« Oft antworten sie, dass sie sich selbst verloren haben und gern wieder bei sich sein würden, ihr Selbst wieder spüren möchten. Sie merken, dass ihr Selbst irgendwo auf der Strecke geblieben ist. Das zeigt mir, dass sie wahrnehmen, dass da etwas in ihnen ist, das nach Aufmerksamkeit verlangt, aber dass der Kontakt dazu abgebrochen ist. Gemeinsam machen wir uns dann auf zu einem Selbstfindungsprozess. Nach und nach erarbeiten wir, wann sie ihr Selbst das letzte Mal wirklich

wahrgenommen haben, und zu welchem Zeitpunkt ihres Lebens es verloren gegangen ist. Wir stellen fest, wie ihr Selbst mit ihnen kommuniziert, auf sich aufmerksam macht und welche Werte es hegt. Ein wichtiger Teil dieses Prozesses ist auch das Erkennen des Lebenssinnes. Denn das Selbst trägt diesen in sich und nutzt ihn als Orientierungshilfe.

Wie geht es dir mit deinem Selbst? Nimmst du es wahr? Was wünscht sich dein Selbst? Wir sind sehr gut darin, zu vermuten, was andere von uns möchten oder erwarten. Wir wissen genau, wie wir uns zu verhalten haben, damit wir so funktionieren, wie es die anderen von uns gewohnt sind. Doch ist dir bewusst, was du selbst möchtest?

2

ÜBUNG

Erkenne dein Selbst

Nimm dir Zeit für dich, an einem Ort, an dem du ungestört bist und dich wohlfühlst. Dann atme ein paar Mal tief durch, und gehe der Frage nach: »Wer bin ich wirklich?« Frage dich immer wieder, und lasse all die Gedanken in dir aufsteigen, die sich zeigen wollen. Frage einfach immer weiter, bis es ganz ruhig wird in dir, bis keine Gedanken mehr deinen Geist durchströmen und da ein kleiner Moment des Nichts ist. Dort wirst du deinem Selbst begegnen. Vielleicht gelingt dir diese wunderbare Begegnung nicht gleich beim ersten Mal. Lasse dich nicht entmutigen, bleibe dran, es lohnt sich. Ja, diese Übung ist tatsächlich so einfach. Es braucht keine komplizierten Rituale oder Verrenkungen. Es reicht vollkommen, wenn du dir einfach Zeit nimmst und deinen Verstand mit der Frage »Wer bin ich wirklich?« beschäftigst. Dann kannst du mit deiner Aufmerksamkeit immer tiefer in dich hineintauchen, alles weglassen, was nicht zu dir gehört, und am Ende dir selbst im Nichts, in der absoluten Ruhe begegnen. Diesem Selbst, das immer da ist und sich oft als der unbeteiligte Beobachter in uns zeigt.

ÜBUNG

Öffne dein Herz

Richte deine Aufmerksamkeit auf deine Herzregion, schließe die Augen, und atme bewusst in dein Herz hinein. Atme alles aus, was dich daran hindern könnte, dein Herz weit zu öffnen, und atme nochmals tief in dein Herz hinein. Wiederhole diese Atmung zwei- oder dreimal. Stelle dir dabei vor, dass sich dein Herz wie eine Rose öffnet – langsam und stetig. Nimm mit allen Sinnen wahr, was sich in dir verändert. Öffne dann langsam die Augen, und richte deine Aufmerksamkeit wieder nach außen. Wie nimmst du alles um dich herum jetzt wahr?

2

ÜBUNG

Verbinde dich mit allem, was ist

Stelle dich mit leicht geöffneten Beinen hin, und spüre den Boden unter deinen Füßen. Atme zwei- oder dreimal tief ein und wieder aus, und stelle dir vor, wie du dich mit der Erde verbindest. Strecke dich danach weit in den Himmel, öffne dich nach außen, und nimm alles in dir auf. Sprich dabei laut oder leise: »Ich verbinde mich mit allem, was unter mir ist. Ich verbinde mich mit allem, was über mir ist. Ich gehe auf in allem, was ist. Alles ist in mir. Ich verneige mich vor meiner inneren Kraft und Weisheit.« Manchmal fühlt es sich so an, als ob mich Wurzeln mit dem Boden verbinden oder als ob sich ein Trichter über meinem Kopf öffnet und Wissen und Weisheit in mich hineinfließen. Manchmal spüre ich meine innere Kraft und Weisheit besonders stark. Was nimmst du wahr? Diese Übung erdet dich und bettet dich in dein Sein ein. Mache sie regelmäßig, wann immer du daran denkst.

GESCHENK 3

Die Intuition oder »Was will ich wirklich?«

Wir haben bereits die Liebe und das Selbst kennengelernt. Nun widmen wir uns dem dritten Geschenk. Ähnlich dem Zwiebelprinzip arbeiten wir uns Schicht um Schicht zum Kern voran, und dort erwartet uns das Nichts. Im Grunde genommen braucht es nichts außer dem Sein. Das Sein ist unbeschreiblich und entsteht in jedem Augenblick immer neu aus dem Nichts. Das dritte Geschenk des Lebens ist die Intuition. Sie hilft dir, dein Selbst zu erkennen. Die Intuition ist die Stimme aus deinem Innersten. Sie lässt dich dein Selbst erfahren und zeigt dir, wer du wirklich bist. Dabei schöpft auch sie aus der Weisheit deines Herzens. Die Intuition ist unmittelbar. Sie scheint aus dem Nichts zu kommen und alles zu wissen. Sie ist die Sprache deines

Selbst und kommuniziert über deine Gefühle mit dir. Oft sprechen wir auch vom Bauchgefühl. Unser Verstand hilft uns dabei, unsere Gefühle in Worte und Gedanken zu übersetzen. Die Intuition aber erreicht uns so schnell aus unserem Innersten, dass dem Verstand keine Zeit bleibt, sie abzufangen und damit zu verhindern, dass wir sie wahrnehmen. Der Verstand hinkt der Intuition oft hinterher. Sobald du dir denkst »Das bilde ich mir doch nur ein«, »Das kann gar nicht sein« oder »So ein Quatsch!«, darfst du schmunzeln und ganz beruhigt sein, denn diese Gedanken sind ein Zeichen dafür, dass dein Verstand sich gerade von deiner Intuition überrumpelt fühlt. Gib deinem Verstand einfach etwas Zeit, damit er die Gefühle, die dir die Intuition übermittelt, in Ruhe in Worte und Gedanken übersetzen kann.

Im Grunde möchte unser Verstand dasselbe wie unsere Intuition: Es soll uns gut gehen, wir sollen unseren Weg finden und diesen voller Vertrauen und Zuversicht gehen. Wenn es einmal nicht so scheint, als wäre der Verstand dabei eine Hilfe, so steckt dieser möglicherweise in der Vergangenheit fest und hat Angst, dass sich eine schlechte Erfahrung wiederholen könnte. Es kann auch sein, dass er in der Zukunft weilt und sich Sorgen macht, was alles schiefgehen könnte. Wenn das geschieht, hole deinen Verstand in die Gegenwart zurück, und bringe ihn mit deiner Intuition in Einklang. Dies gelingt dir, indem du dir bewusst machst, dass dein Verstand gerade nicht im Jetzt ist. In dir ist ein innerer Beobachter, der immer aktiv ist. Solltest du Angst verspüren oder dir Sorgen über etwas machen, kannst du diesen Beobachter zur Unterstützung heranziehen. Der innere Beobachter ist ein wichtiger Teil von uns, der uns immer wieder eine große Hilfe sein kann. Er realisiert, dass der Verstand sich durch Angst oder Sorgen einmischt und sich wie ein Schleier über deine Intuition legt. Dein innerer Beobachter erkennt, dass deine Befürchtungen nicht real sind und mit dem Hier und Jetzt nichts zu tun haben. Nimm dieses Geschehen bewusst wahr, erkenne, dass Angst und Sorgen sich auf die Vergangenheit oder die Zukunft beziehen, und mache dir bewusst, dass sie nicht wirklich sind. Schenke dem Beobachter in dir Aufmerksamkeit, und der Schleier, den der Verstand über die Intuition gelegt hat, lüftet sich. Wiederholst du diesen Prozess immer wieder, wirst du merken, dass Verstand, Ego und Selbst sich immer ähnlicher werden. Manchmal verschmelzen sie sogar miteinander, und du kannst sie nicht mehr voneinander unterscheiden. Dann haben sich Ego

und Verstand im Selbst aufgelöst, und Ruhe kehrt in dein Leben ein. Diesen Zustand nenne ich den »ruhenden Geist«. Vielleicht ist es im Außen noch laut und turbulent, doch in deinem Inneren plätschert friedlich die Quelle des Seins.

Wie kann die Intuition aus deinem Inneren aufsteigen? Wie kannst du sie annehmen und dich von ihr durch dein Leben führen lassen? Der Schlüssel dazu ist das Ja zu dir selbst. Im Kapitel zum ersten Geschenk sind wir auf die Selbstliebe eingegangen. Mit diesem Ja zu dir selbst richtest du deine Aufmerksamkeit auf dich und begegnest dir offen ohne

Bewertungen und Vorurteile und voller Neugier. Das sind nun also die ersten drei Geschenke des Lebens: die Liebe, das Selbst und die Intuition. Alle drei bauen aufeinander auf. Wenn du dein Selbst entdeckt hast, wirst du es kaum mehr vor dir und den anderen verbergen können. Du wirst spüren, dass in dir eine Kraft ist, die ans Licht strebt und Einfluss auf dein Leben nehmen möchte. Du bist sozusagen auf den Geschmack gekommen. Das Selbst – dein wirkliches Sein – spricht über deine Intuition mit dir. Denkst du dir manchmal im Nachhinein »Eigentlich habe ich von Anfang an gewusst, was ich hätte tun sollen« oder »Natürlich war mir klar, was ich mir im Grunde meines Herzens gewünscht habe, aber …«? Oft ist das erste Gefühl, das wir wahrnehmen, die Intuition, die zu uns spricht. Manchmal hören wir auf sie – manchmal nicht. Dies ist die Entscheidung unseres freien Willens, den wir im nächsten Kapitel kennenlernen.

3

Folge deiner Intuition

Einmal kam eine Frau völlig aufgelöst in meine Praxis. Sie wusste weder ein noch aus und war davon überzeugt, ihre Welt breche zusammen. Sie konnte die Liebe zu ihrem Partner nicht mehr wahrnehmen, ärgerte sich nur noch über ihren Job und hatte Streit mit ihrer Mutter. Am liebsten hätte sie alles hinter sich gelassen, all ihre Sachen gepackt und wäre verreist. In solchen Momenten ist es wichtig, sich selbst wieder wahrzunehmen und ins Hier und Jetzt zurückzufinden. Dann können wir das Problem erkennen und lösen. Die Übungen »Willkommen im Hier und Jetzt« und »Öffne dein Herz« halfen ihr, sich zu beruhigen. Als ich spürte, dass sie sich etwas gesammelt hatte und sich wieder spüren konnte, bat ich sie darum, mir spontan folgende Frage zu beantworten: »Was ist das größte Problem?« Ich machte sie darauf aufmerksam, dass sie versuchen solle, nicht zu denken, sondern einfach ruhig zu atmen und wahrzunehmen, welche Antwort aus ihrem Inneren zu ihr komme. Spontan antwortete sie: »Zeit – Zeit für mich!« Ihre Intuition ließ sie wissen, wo das Problem wirklich lag. Es stellte sich heraus, dass sie sich selbst verloren hatte. Sie hatte die Monate zuvor übermäßig viel gearbeitet, wenig Zeit mit ihrem Partner verbringen können und keine

Zeit für sich gehabt. Erst als sie sich dessen bewusst wurde, sah sie eine Möglichkeit zur Veränderung. Sie erkannte, wie hoch der Preis für ihr berufliches Engagement war. Das gab ihr die Kraft, sich für sich selbst einzusetzen und ihre Bedürfnisse zu erkennen und anzunehmen. Nun konnte sie Veränderungen in die Wege leiten.

ÜBUNG Willkommen im Hier und Jetzt

Damit wir unsere Stimme aus dem Inneren, das was wir uns wahrhaftig wünschen, wahrnehmen, ist es wichtig, dass wir präsent sind, dass wir uns unseres Lebens und der Gegenwart bewusst sind. Dies ist eine einfache 1-Minuten-Übung, die deine Aufmerksamkeit auf dich selbst und den Moment richtet. Entspanne dich, atme ein, und nimm einen tiefen Atemzug bis in den Bauch hinein. Danach atme aus, und spüre, wie die Erde unter deinen Füßen dich trägt. Atme wieder ein, und nimm wahr, wie sich deine Lunge mit Luft füllt. Danach atme aus, hebe den Kopf, und schaue in den Himmel. Atme wieder ein, und atme dann alles aus, was dich daran hindert, im Hier und Jetzt zu sein. Willkommen im Hier und Jetzt! Spüre, wie sich das anfühlt.

3

ÜBUNG

Die Brücke zum Bewusstsein

Das Leben ist ein wunderbarer Lehrmeister. Es lässt uns immer wieder Situationen erleben, die uns herausfordern und näher zu uns selbst bringen. Diese alltagstaugliche Übung hilft dir in jeder noch so schwierigen Situation dabei, in den Moment und in dein Herz zurückzufinden. Dabei geht es nicht darum, sofort eine Lösung zu finden. Das Ziel ist, eine Position einzunehmen, von der aus du deine aktuelle Situation in Ruhe betrachten kannst. Begegnest du einem Problem, oder bist du mit einer Situation unzufrieden, dann versuche, folgende Fragen zu beantworten:

- Was denke ich gerade?
- Was fühle ich gerade?
- Wo in meinem Körper nehme ich das wahr?
- Wie möchte ich mich gern fühlen?

Stelle dir diese vier Fragen, eine nach der anderen. Nimm dir bei jeder Frage kurz Zeit, in dich hineinzuhören und zu fühlen. Vielleicht erhältst du eine spontane Antwort, vielleicht auch nicht. Solltest du keine Antwort bekommen, ist auch das gut. In dieser Übung geht es darum, die Aufmerksamkeit nach innen zu richten. Das reicht vollkommen. Zwar wissen wir meiner Erfahrung nach meist, wie wir uns fühlen möchten, auch wenn es nur ein »so nicht« ist. Doch auch hier gilt: Das Hineinspüren in das Innere ist dabei das Wichtigste. Es geht nicht um die Antwort.

Mache dir bewusst: Du bist, was du denkst! Betrachte das Problem oder die Situation noch einmal aus diesem Bewusstsein heraus. Was hat sich verändert? Stelle dir diese wichtigen Fragen immer wieder – in leichten und in schwierigen Momenten. Sie bringen dich näher zu dir, und das ist das Heilsamste, was es gibt. Mit der Zeit wirst du Antworten finden. Die Situation wird sich in die Richtung verändern, die du dir wünschst.

GESCHENK 4

Der freie Wille oder »Wie will ich sein?«

Immer wieder kommen wir in die Situation, Entscheidungen treffen zu dürfen oder zu müssen. Der freie Wille ist dabei eines der Werkzeuge, die uns Menschen zum Geschenk gemacht wurden. Wir allein wählen, ob wir etwas tun oder es lassen. Diese Fähigkeit ist es, die mit dem freien Willen gemeint ist. Zwar können wir nicht immer bestimmen, was wir erleben, doch wir können jederzeit frei wählen, wie wir damit umgehen. Der freie Wille reicht aber noch sehr viel weiter: Wir wählen, worauf wir unser Leben ausrichten wollen. Wir bestimmen, wer wir sein wollen, und entscheiden selbst, was wir denken und sagen und wie wir handeln. Jede unserer Entscheidungen hat einen Einfluss darauf, wie sich unser Leben entwickelt. Der folgende Satz mag im ersten Moment etwas eigenartig anmuten, doch er passt wunderbar zu diesem Thema: Niemand kann für dich atmen. Du denkst nun vielleicht: »Ja, schon klar, aber ich kann auch nicht nicht atmen.« Doch, auch das kannst du bestimmen. Solange du lebst, entscheidest du dich mit jedem Atemzug neu für dein Leben. Niemand außer dir kann für dich atmen oder dein Leben für dich leben.

Leider tendieren wir Menschen dazu, unseren freien Willen nicht ernst zu nehmen. Wir sind gut darin, Ausflüchte zu finden, zum Beispiel: »Ich bin eben so erzogen worden«, »In meinem Alter geht das nicht mehr«, »Stell dir mal die Konsequenzen vor, wenn ich dieses oder jenes verändern würde«, »Da ist nun mal dieses Harmoniebedürfnis in mir« oder »Das geht doch nicht, es war schon immer so«. Manchmal fordert uns das Leben auch durch besonders schwierige Situationen wie zum Beispiel einer Krankheit oder dem Verlust eines geliebten Wesens heraus. Wir können uns natürlich zum Opfer der Situation, der Gesellschaft oder unserer Erziehung machen. Das ist eine Wahl, die wir treffen können. Doch es sind immer noch wir selbst, die entscheiden, ob wir uns zum Beispiel zum Opfer machen oder ob wir Täter sind. Ich mache hier keinen Unterschied, ob wir dies bewusst oder unbewusst wählen. Denn sobald wir uns dafür entscheiden, ein Leben in Liebe zu leben, unser Selbst wahrzunehmen und auf unsere Intuition zu hören, ist da kein Unbewusst mehr. Dann gibt es nur noch Bewusstheit. Wir sind fähig, das Geschenk des freien Willens anzunehmen und verantwortungsvoll mit ihm umzugehen.

Wie möchtest du deinen freien Willen wahrnehmen? Wer willst du sein? Wozu sagst du Ja? Möchtest du die Rolle des Opfers oder des Täters spielen, oder wählst du ein Leben in Freiheit? Werde dir deines freien Willens bewusst, und entscheide dich für das

Leben, das du dir von Herzen wünschst. Gehe Schritt für Schritt in die Richtung, die dein Herz dir weist. Lasse hinter dir, was deiner Wahl nicht mehr entspricht, und erschaffe auf diese Weise dein Paradies hier auf Erden.

Bleibe bei dir

Eines der häufigsten Probleme, die mir in meiner Arbeit begegnen, ist, dass wir uns um die Angelegenheiten der anderen kümmern. Viele Menschen denken für andere und unterhalten sich lieber darüber, was diese verändern sollten, als sich mit ihren eigenen Belangen zu befassen. Ist dir bewusst, dass du bei jeder Entscheidung drei Möglichkeiten hast? Sie sind:

- ja (mache ich)
- nein (mache ich nicht)
- abwarten (keine Entscheidung)

Bevor wir uns jedoch für eine dieser drei Möglichkeiten entscheiden, ist es wichtig, zu prüfen, um wessen Angelegenheit es sich wirklich handelt. Auch hier gibt es drei Möglichkeiten:

» meine Angelegenheit
» deine Angelegenheit
» seine Angelegenheit

Mit »seine« ist hier Gottes Angelegenheit oder die der Natur, des Universums oder des Lebens gemeint. Es geht einfach um alle Dinge, die wir nicht selbst beeinflussen können. Wenn es regnet, regnet es, und wenn es an Weihnachten nicht schneit, so gibt es keine weißen Weihnachten. Der dritte Punkt leuchtet uns schnell ein. Entscheidungen, die wir selbst nicht treffen können, sind leichter abzugeben. Dagegen ist es für viele Menschen deutlich schwieriger, zwischen »meine« und »deine« Angelegenheit zu unterscheiden. Wessen Angelegenheit ist es, ob das Zimmer der Kinder aufgeräumt ist, ob der Partner auf seine Gesundheit achtet und sich zu wenig bewegt? Es erleichtert das Leben ungemein, wenn du dich nur mit deinen eigenen Belangen befasst. Wenn du ständig die Dinge anderer betrachtest, ist bei dir niemand »zu Hause«. Dann besteht die Gefahr, dass du dich in deinem Inneren allein, einsam und verlassen fühlst und dabei das Gefühl hast, alles allein schaffen zu müssen.

ÜBUNG

Wessen Angelegenheit ist das?

Immer wenn du dich über etwas ärgerst oder du dir denkst, dass etwas verändert werden sollte, frage dich: »Wessen Angelegenheit ist das?« Wenn du dir unsicher bist, frage dich: »Welche Sache kann ich beeinflussen oder entscheiden, die mich etwas angeht?« Genau, die Antwort ist: »Meine Angelegenheit.« Stellst du dann fest, dass es nicht deine ist, lasse die Finger davon. Hat es etwas mit dir zu tun, dann bleibe dran, und überlege dir, was du ändern kannst.

4

ÜBUNG

Die Glockenübung

Wenn du Stärke und Zuversicht für eine bevorstehende Herausforderung brauchst, ist dies eine wundervolle Übung für dich. Es handelt sich um eine Visualisierung, um ein Bild, das du dir vorstellen kannst. Auch wenn unser Leben ein Wunder ist, das viele Geschenke für uns bereithält, so gibt es doch immer wieder Situationen, die uns sehr fordern oder gar zu überfordern drohen. In solchen Momenten braucht es eine Herangehensweise, die uns dabei unterstützt, ganz bei uns zu sein und zurück in unsere Mitte zu finden. Die Glockenübung bringt dir Schutz, Kraft, Vertrauen und Ruhe. Mache diese Übung immer dann, wenn du vor einer schwierigen

Situation stehst. Vielleicht ist das ein herausforderndes Gespräch. Manche Menschen nutzen die Übung vor einer mündlichen Prüfung oder wenn sie durch einen lebhaften Bahnhof gehen müssen. Das Schöne daran ist: Du kannst die Übung jederzeit machen, ohne dass jemand es bemerkt. Andere sehen höchstens, wie sich deine Körperhaltung und deine Ausstrahlung verändern. Probiere es einfach selbst aus. Stelle dir eine Glocke aus purem Gold vor, die auf dem Boden steht und dich umgibt. Lasse sie so groß werden, dass du sie mit den Fingerspitzen berühren kannst. Oben ist eine Öffnung, durch die goldenes Licht oder Sonnenstrahlen hereinfließen. Nimm wahr, wie diese Glocke dich umhüllt und du in diesem von Licht erfüllten Raum stehst, der dir Sicherheit, Schutz und Geborgenheit schenkt. Stelle dir vor, dass du mit einem Stab an die Glocke schlägst und ein schöner, klarer Klang ertönt. Mache die Übung, wann immer du möchtest.
Wenn ich diese Übung mache, spüre ich, wie meine Gedanken wieder zur Ruhe kommen, die Angst sich verringert und ich wieder in mir ruhe. Ich fühle mich geschützt, und andere rauben mir keine Energie mehr. Diese Übung ist in jedem Fall einen Versuch wert, denn sie macht Spaß, wirkt und tut gut.

GESCHENK 5

Die Schöpferkraft oder »Was möchte ich erschaffen?«

Die fünf Geschenke des Lebens folgen einer klaren Logik. Lieben wir, was ist, und nehmen alles, was ist, in Liebe an, verschwenden wir keine Kraft und erkennen in allem die Essenz des Seins – auch in uns. Mit dieser Essenz, dem Selbst, sind wir stets verbunden, und es spricht mittels der Intuition zu uns. Dabei haben wir immer den freien Willen, zu entscheiden, wie wir etwas in unserem Denken, Sagen und Tun umsetzen. Mithilfe eines weiteren machtvollen Geschenkes, der Schöpferkraft, können wir all das in unserem Leben verwirklichen (manifestieren), was wir möchten. Sie ist das fünfte Geschenk des Lebens. Was heißt Schöpferkraft? Das Leben bietet uns viele Möglichkeiten, aus denen wir schöpfen können. Es braucht Kraft und manchmal auch Mut, diese zu erkennen, anzunehmen und ins Tun zu kommen. Wollen wir etwas erschaffen und in unserem Alltag manifestieren, ist Tatkraft nötig. Das bedeutet, dass wir etwas dafür tun dürfen. Nichtstun kann dabei ebenfalls eine Handlung sein und hat einen Einfluss auf das, was in unserem Leben geschieht. Wir haben immer drei Möglichkeiten, uns zu entscheiden: Entweder wir sagen Ja zu etwas, packen es an, oder wir sagen Nein zu etwas und lassen es sein, oder wir warten ab, bis andere für uns entscheiden und etwas erschaffen.

Schöpferkraft bedeutet, dass wir die Kraft haben, das zu schöpfen, was wir wollen. Wir haben Einfluss auf unser Leben. Es ist an uns, unser Leben in die Hand zu nehmen und die Impulse, Ideen und Gedanken wahr werden zu lassen. Schöpferkraft bedeutet, dass wir die Kraft haben, zu manifestieren, was wir im Kopf und im Herzen tragen, und es in unser Leben zu ziehen. Sei es, weil wir den Mut haben, eine Idee anzupacken und umzusetzen. Sei es, dass wir über unsere Visionen erfahren, was uns wichtig ist, welche Werte wir anstreben und was unser Lebenssinn ist. Mit dieser Ausrichtung bekommen wir die Kraft, das Wissen, den Mut und die Motivation, uns auf unsere Wünsche, Ziele und Visionen zuzubewegen.

Schritt für Schritt bildet sich unter unseren Füßen unser eigener Weg, und unser Seelenplan entfaltet sich.

Wohin wir schauen, zieht es uns. Sei dir bewusst, was du denkst und was du dir wünschst, und fange an, es Wirklichkeit werden zu lassen, es zu manifestieren. Packe es an. Nimm die Möglichkeiten, die das Leben dir bietet, in die Hand, und erschaffe das, was du dir erträumst. Du fragst dich, wie das genau geht? Zwei wichtige Begriffe dabei sind »Selbstbewusstsein« und »Vertrauen«. Der erste Begriff setzt sich aus den beiden Wörtern »Selbst« und »Bewusstsein« zusam-

men. Beide begegnen dir in diesem Buch immer wieder. Dem Selbst, dem zweiten Geschenk, habe ich ein eigenes Kapitel gewidmet. Wie wir bereits wissen, braucht es die Intuition, über die das Selbst sich bemerkbar macht, und das Bewusstsein, das uns ermöglicht, diese Informationen mit unseren Sinnen wahrzunehmen und zu verarbeiten. Daraus leitet sich folgende mögliche Haltung ab: Sei dir deiner selbst bewusst, und nimm wahr, wer du bist und was dir wichtig ist. Wenn wir jemandem oder in etwas vertrauen, also Vertrauen in etwas haben, dann sehen wir kein Risiko darin, wir selbst zu sein, zu tun und zu sagen, was wir wirklich möchten. Wir glauben daran, dass etwas absolut verlässlich ist. Trauen wir uns, so sind wir mutig. Wir trauen uns etwas zu, haben den Mut, etwas zu tun, eine Idee umzusetzen, einem Impuls zu folgen. Daraus können wir ableiten: Vertraue dir und deinem Bewusstsein, vertraue deinem Selbst, deiner Wahrnehmung und deinen Wünschen, deinen Visionen und deinem Lebenssinn. Traue dich, das zu erschaffen, was du liebst und dir aus tiefstem Herzen für dein Leben wünschst.

Was hindert uns daran, uns zu vertrauen? Was macht unser Selbstbewusstsein klein? Es ist der Verstand, der uns wissen lässt, was in unserem

Leben alles schon schiefgelaufen ist, oder der sich vorstellt, was alles geschehen könnte. Er erzeugt Angst in uns, dass sich eine schlechte Erfahrung wiederholen könnte, oder verunsichert uns, indem er Hirngespinste entstehen lässt. Auch unsere Orientierung an anderen hält unser Selbstbewusstsein klein. Wir fragen uns, was andere wohl denken, weshalb ausgerechnet uns gelingen sollte, woran andere gescheitert sind. Wir malen uns aus, wie wir wohl dastehen, wenn etwas nicht klappt. In solchen Momenten ist es hilfreich, den inneren Beobachter einzuschalten und den Verstand zu hinterfragen. Ist es wahr, dass sich etwas wiederholen muss? Ist es wahr, dass ich weiß, was andere von mir denken? Ist es wirklich wichtig? Wer hat das Sagen in meinem Leben? Die anderen oder ich? Hier gibt es kein Richtig oder Falsch.

Du selbst entscheidest, an was du dich orientierst und ob du deinen Wünschen die Chance geben möchtest, wahr zu werden. Wenn wir unserem Selbst vertrauen und uns bewusst danach ausrichten, was sich für uns stimmig anfühlt, dann manifestieren wir, was wir uns von Herzen wünschen. Manchmal nehmen unsere Wünsche andere Wege als die, die wir uns ursprünglich vorgenommen

haben, doch wir kommen ans Ziel. Ein sinnerfülltes Leben voller Liebe bringt uns unserem Selbst näher. Es ist zwar nicht immer alles leicht und sorgenfrei. Schauen wir jedoch später zurück, erkennen wir oft den Sinn einer schwierigen Situation und können daraus lernen.

Familienglück

Einmal bat ein Mann mich um Hilfe. Er fühlte sich unglücklich und einsam. Er war Mitte dreißig, hatte einen spannenden, gut bezahlten Beruf, Hobbys und Freunde. Doch er war seit vielen Jahren allein und wünschte sich von Herzen eine Familie und das Gefühl von Zugehörigkeit und Geborgenheit. Sein beruflicher Erfolg und das viele Geld machten ihn nicht glücklich. Er wusste, was er wollte, und er kannte seinen Lebenssinn. Konkret wünschte er sich eine erfüllte Beziehung, Kinder und ein schönes Zuhause, das Platz für eine Familie bot. Diesen Wunsch trug er schon länger in sich, nur hatte er ihn während der intensiven Zeit des Studiums und zugunsten der Karriere in den Hintergrund gestellt. Über die Jahre hinweg war er immer unzufriedener geworden, und vieles machte ihm keine Freude mehr. Sein Wunsch, etwas zu ändern und dem Grund für seine Unzufriedenheit auf die Schliche zu kommen,

führten ihn zu mir. Nachdem wir gemeinsam seinen Standort bestimmt, sein Ziel festgelegt und seinen Lebenssinn geprüft hatten, stellten wir fest, dass das Einzige, was ihm fehlte, seine Schöpferkraft war. Er hatte viel in seinem Leben erreicht. Was er sich vorgenommen hatte, wurde meist Wirklichkeit. Doch bei der Liebe gelang es ihm nicht. Er glaubte nicht daran, dass er hier etwas tun könne. Er meinte, er müsse es dem Schicksal überlassen. Gemeinsam machten wir uns auf die Suche nach Dingen, die er in der Hand hatte und beeinflussen konnte. Er stellte fest, dass seine Familie und Freunde gar nicht wussten, dass er sich nach einer Liebe und nach Familie sehnte. Sie dachten, er sei der geborene Junggeselle. Er ließ seine Freunde, Kollegen und Geschwister wissen, was er sich wirklich wünschte. Außerdem machte er sich auf die Suche nach einem Haus, in dem er sich mit einer Familie wohlfühlen würde. Heute, vier Jahre später, ist er verheiratet, und das zweite Kind ist unterwegs.

5

ÜBUNG

Die drei Bs: Beobachten – Bewusst werden – Bestärken

Mit dieser Übung kannst du klarer erkennen, was du denkst, und dir gelingt es, deine Gedanken Schritt für Schritt so zu verändern, wie du es gern möchtest.

Schritt 1: Beobachten

Beobachte deine Gedanken. Stelle dir vor, wie du dir bei allem, was du tust, zusiehst. Stelle dir weiter vor, dass du dabei in deinen Kopf hineinschauen kannst und hörst, was du denkst. Auf diese Weise kannst du dir bewusst machen, was in dir abläuft und dich zu deinem Handeln bewegt.

Schritt 2: Bewusst werden

Mache dir bewusst, nach welcher Grundhaltung du gern leben möchtest, welchen Sinn du deinem Leben geben willst oder wozu du hier auf der Erde bist (siehe Kapitel »Der Lebenssinn«). Prüfe, ob du diese Werte in diesem Moment lebst. Du könntest dich zum Beispiel fragen: »Bin ich gerade friedlich, liebevoll, vertrauensvoll oder annehmend? Verkörpert mein Handeln Liebe, Vertrauen, Annahme oder Gemeinschaft?« Setze hier ein, was dir wichtig ist. Werde dir bewusst, ob dein Sein und dein Handeln dem entsprechen, was du leben willst.

Schritt 3: Bestärken
Verstärke die Situationen, in denen du deinen Lebenssinn lebst, indem du sie besonders betonst und ihnen viel Aufmerksamkeit schenkst. Erfreue dich an ihnen. Lasse die Lebensfreude aus deinem Herzen aufsteigen, und zelebriere das, was du gerade erlebst. Teile es mit Menschen, die du magst, oder halte es in irgendeiner Form fest. Schreibe es auf, mache Fotos, zeichne einen Smiley in deinen Kalender. Wir sind gut darin, uns zu ärgern, wenn etwas schiefläuft, und wir erleben die schlechte Erfahrung immer wieder in unseren Gedanken. Hier geht es genau um das Gegenteil. Feiere, dass etwas gut gelaufen ist. Nimm es nicht als selbstverständlich an, klopfe dir auf die Schulter, und teile deine Freude mit anderen. Sage dir: »Das habe ich gut gemacht. Das ist mir gelungen. Das tut mir gut und freut mich.« Erinnere dich an gelungene und fröhliche Erlebnisse immer wieder, lasse sie wie in einem inneren Film ablaufen. Konzentriere dich auf das, was du möchtest. Alles andere lasse sein. Es reicht, zu erkennen, wenn du in einem Moment nicht so handelst, wie du möchtest, und dich überschwänglich darüber zu freuen, wenn du es tust.

Diese Übung kann zu einer tief greifenden Veränderung führen. Dafür braucht es nur die Bereitschaft, es auszuprobieren. Wiederhole die Übung so oft, bis du die drei Bs verinnerlicht hast und sie unbewusst anwendest. Du wirst mit purer Lebensfreude belohnt. Mit den drei Bs folgst du deiner Bestimmung in ein erfüllteres Leben. Sie führen dich auf deinen Herzensweg.

ÜBUNG

Das Drehbuch deiner Zukunft

Was möchtest du erreichen? Was wünschst du dir? Du bist der Regisseur deines Lebens. Schreibe das Drehbuch deiner Zukunft. In dieser Übung richtest du dich bewusst nach deinen Wünschen und Zielen aus. Nimm ein Blatt Papier, und schreibe als Überschrift, worum es geht. Da könnte zum Beispiel »Beziehung«, »Familie«, »Arbeit«, »Geld«, »Lebenssinn« oder »Gesundheit« stehen. Beschäftige dich immer nur mit einem Thema. Beschreibe in Stichworten oder ausführlich, was du dir wünschst. Schreibe alles auf, was dir in den Sinn kommt. Dann schaue alles noch einmal in Ruhe an, und formuliere einen Satz, der mit »Ich bin …« beginnt. Wenn du dir eine berufliche Veränderung wünschst, könnte er beispielsweise

lauten: »Ich bin eine geschätzte Arbeitskraft und habe Freude an meinem Job.« Dann suche dir das Wort heraus, das dir am wichtigsten erscheint, zum Beispiel »geschätzt«. Dieser Begriff dient dir als Codewort. Nun beginnt die eigentliche Ausrichtung. Nimm dir täglich zweimal etwa fünf Minuten Zeit, und tauche ganz in das Gefühl ein, das du haben wirst, wenn du am Ziel angekommen bist und dein Wunsch sich erfüllt hat – in unserem Beispiel das Gefühl der Freude und Wertschätzung. Mache das regelmäßig über mehrere Wochen hinweg oder so lange, bis sich dein Wunsch erfüllt hat. Dein Codewort nutzt du, wenn du mutlos wirst oder dich ärgerst. Es hilft dir, dich an das Gefühl zu erinnern und es wieder zu nähren.
Mithilfe dieser inneren Arbeit informierst du das Leben darüber, was du möchtest, und deine Haltung und dein Handeln richten sich auf deinen Wunsch aus. Halte die Augen offen, und schaue, ob dir das Leben Möglichkeiten bietet, dich auch aktiv in diese Richtung zu bewegen. Solltest du dich zum Beispiel auf ein Gespräch mit deinem Chef vorbereiten, dann gehe mit dem Gefühl hinein, dass er dich wertschätzt. Lasse dich nicht entmutigen, und zweifle nicht, wenn es nicht sofort funktioniert, sondern mache weiter. Deine innere Kraft wird stärker werden und dich an dein Ziel bringen.

DER LEBENSSINN

Ich habe lange nach meinem Lebenssinn gesucht und noch länger darauf gewartet beziehungsweise erwartet, dass mir jemand sagt, was der Sinn meines Lebens ist. Wenn es jedoch jemand getan hat, so hat sich umgehend alles in mir dagegen gesträubt. Immer wieder dachte ich »Jetzt habe ich meinen Lebenssinn gefunden!«, um bald danach zu merken, dass ich noch immer nicht zufrieden war. Manchmal fühlte es sich an, als sei ich angekommen, doch kaum fragte ich mich »Wo?«, ging die Suche wieder von vorn los.

Viele Bücher, Seminare, Lebensjahre und Weiterbildungen später gab es einen Moment, in dem die Zeit reif war für das Verstehen. Es schien mir, als fänden all die losen Fäden endlich zusammen, und ich erkannte Folgendes für mich:

- Das Leben ist da, um gelebt zu werden.
- Ich lebe, damit ich mich selbst erkenne und mein Selbst annehmen und lieben lerne.
- Ich entscheide, wie ich leben möchte.
- In jedem Augenblick ist alles neu. Es gibt nur das Jetzt!

»Das ist der Durchbruch! Jetzt habe ich es geschafft«, dachte ich glücklich, gar euphorisch. Doch auch dieses Gefühl hielt nicht lange an … Schleichend machten sich wieder Unzufriedenheit und Langeweile in mir breit. Wie konnte das sein? Ich hatte doch eben erst verstanden, worum es im Leben wirklich geht! Verstanden? – Ich hatte den Sinn des Lebens mit meinem Verstand erfasst. Doch ist es möglich, zu verstehen, was das Selbst ist oder um was es im Leben geht? Verstehen ist nicht gleich Erleben oder Erfahren, und auch nicht Begreifen. Erst wenn wir ein Erlebnis mit dem Verstand reflektieren, wird es zu einer Erfahrung, und erst wenn wir aus dieser Erfahrung lernen, haben wir etwas begriffen. Das Verstehen allein ist eine Hülle ohne Inhalt.

Mein Herz signalisierte mir deutlich, dass meine Erkenntnis zwar schön und einleuchtend klang, ich meinen Lebenssinn jedoch noch immer nicht gefunden hatte. Langsam wurde ich müde und mochte nicht mehr suchen. Da fand ich das Buch »Was Gott will« von Neal D. Walsch. Erleichtert dachte ich: »Wer, wenn nicht Gott, weiß, was mein Lebenssinn ist!« Tatsächlich, am Ende von Kapitel 12 stand, dass das nächste Kapitel das Geheimnis lüften würde, was Gott will.[1] Ganz aufgeregt blätterte ich weiter und stellte fest, dass das erwähnte Kapitel leer war. Da stand nichts, kein einziger Buchstabe! Als ich langsam begriff, machte sich eine große Enttäuschung in mir breit, und gleichzeitig war ich erleichtert. Ein Teil in mir schien genau gewusst zu haben, dass der Lebenssinn nicht im Außen zu finden ist, nicht einmal bei Gott, dem Universum und der Natur. Nun hatte ich endlich begriffen, wo ich suchen musste. Etwas zu wissen, es mit dem Verstand zu verstehen, und es zu erfahren, es mit dem Herzen zu begreifen, sind dabei zwei vollkommen unterschiedliche Arten des Erkennens. Ja, ich war eine Suchende, und ich bin es manchmal noch heute. Dann überprüfe ich meinen Lebenssinn. Hat

1 Vgl.: Neal D. Walsch: Was Gott will. Goldmann Verlag 2005.

er sich geändert? Ist etwas Neues dazugekommen? Ich nehme mir Zeit für mich, atme tief ein und wieder aus und gehe erneut durch den Prozess, die Sinnsuche. Damals habe ich also meine Wahrheit erkannt: Das Leben hat den Sinn, den ich ihm gebe. Dank meines freien Willens kann ich so leben, wie ich es mir wünsche.

Was lässt dich am Morgen – vielleicht sogar mit einem Lächeln – aufstehen? Was motiviert dich für den bevorstehenden Tag? Wofür lohnt es sich für dich, zu leben? Was gibt dir insbesondere in schwierigen Momenten Kraft? Was gibt dir den Mut, Herausforderungen als Wachstumspotenzial zu betrachten und die Dinge zu ändern, die du ändern kannst? Es ist dein Lebenssinn, dein dir bewusster oder unbewusster Antrieb. Du bist die Schöpferin oder der Schöpfer deines Lebens. Du allein bist es, die oder der deinem Leben einen Sinn gibt. Das Leben hat dir wundervolle Werkzeuge geschenkt, damit du es so gestalten kannst, wie du es dir wünschst. Mit unserem Denken, Sagen und Handeln programmieren wir unser Leben. Je klarer wir dabei sind, desto eher entwickelt sich unser Leben so, wie wir es uns ersehnen. Ob du dir dessen bewusst bist oder nicht, es geschieht so oder so. Durch die Art, wie du denkst, sprichst und handelst, gestaltest du dein Leben. Wie wäre es, dies künftig noch bewusster zu tun?

Kennst du deinen Lebenssinn? Weißt du, welche Werte und Ideale es sind, die dein Denken, Sagen und Handeln beeinflussen? Sind es deine eigenen Werte oder die deiner Eltern, deiner Freunde, deines Partners, deines Chefs oder der Gesellschaft? Sind es kraftvolle Werte wie Freiheit, Frieden, Liebe oder Glück, oder wirst du von Kraftraubendem wie Ängsten, Zweifeln, Wut oder Neid bestimmt? Wonach hast du bis heute gelebt, und wie hat sich das auf dein Leben ausgewirkt? Nach welchen Idealen möchtest du gern leben, und welche Veränderungen erhoffst du dir davon in deinem Leben? Die Antworten auf diese Fragen weisen dir den Weg in ein zufriedeneres Leben.

Dein Leben folgt dem, was du DENKST, was du SAGST und was du TUST. Damit formst du dein Leben. Die Basis dafür? Dein Lebenssinn!

Um unser Leben in die Form zu bringen, die wir uns wünschen, braucht es Informationen. Unser Leben richtet sich nach den Informationen, die wir ihm geben. Sie sind es, die uns helfen, uns selbst zu erleben, zu erkennen und weiterzuentwickeln. Wir können unser Selbst nur durch Begegnungen mit Menschen, Tieren, der Natur und uns selbst oder durch Erlebnisse, die Gefühle in uns auslösen, erfahren.

Unser Leben gibt uns oft mithilfe von Spiegelungen preis, welche Informationen wir ihm durch unser Denken, Sagen und Tun übermittelt haben. Alles, was uns begegnet, spiegelt unsere Lebenshaltung, die wiederum durch unseren Lebenssinn bestimmt wird. Diese Spiegelungen lassen uns erfahren, wer wir sind, was wir wollen oder lieber nicht wollen und wie wir unsere Wünsche manifestieren können. Jedes Wesen und jeder Gegenstand kann ein Spiegel sein: unser Chef, die Eltern, ein Auto, ein Engel, unser Geld, unsere Arbeit, ein Lied oder ein Bild. Der Spiegel als solcher – hier ein Symbol für das Leben – ist dabei neutral und vollkommen wertungsfrei. Er spiegelt nur wider, was vor ihm steht. Alles im Leben kann uns helfen, zu verstehen, wer wir sind oder wer wir sein möchten. Außerdem aktiviert alles, was uns im Leben begegnet, unser Gehirn. Es erfasst unser Sein und unsere Umwelt über unzählige Impulse und Reize. Diese Reize erhält es über unsere fünf

Sinne (Sehen, Hören, Riechen, Schmecken und Fühlen) und über die erweiterte Wahrnehmung durch unsere inneren Sinne (Bauchgefühl, Intuition), aber auch über die sogenannte übersinnliche Wahrnehmung (Hellhören, Hellsehen). Das Gehirn verarbeitet diese Reize über Milliarden von Neuronen, die miteinander vernetzt sind, und die Übertragung der Informationen findet dabei über elektrische Impulse statt. Damit wir die Informationen begreifen können, arbeitet unser Gehirn oft mit Symbolen wie Visionen, Bildern und Metaphern. Viele Reize lösen ein Gefühl in uns aus, das vom Körper verarbeitet wird und seinerseits Reize ans Hirn sendet. Das ist eine komplexe Sache, besonders, wenn es um Dinge geht, die jenseits des Begreifbaren liegen. Wichtig zu wissen scheint mir außerdem, dass unser Gehirn nicht in Kategorien wie Vergangenheit und Zukunft arbeitet, sondern immer nur im Jetzt. Vielleicht ist dir schon einmal aufgefallen, dass du Herzklopfen bekommst, wenn du an deinen ersten Kuss denkst, oder Gänsehaut, wenn du dir dein erstes Bad im Meer in Erinnerung rufst? Dein Körper wird durch die Erinnerung umgehend in die Situation versetzt und reagiert, als fände diese jetzt statt. Das ist auch ein Grund dafür, dass du feuchte Hände bekommst, wenn du an eine bevorstehende Rede oder einen Auftritt denkst.

Wie lässt sich die Seele erklären oder wie der Sinn des Lebens? Viele Werte sind sehr schwer zu erfassen. Versuche einmal die Begriffe »Liebe«, »Freude«, »Leben, »Glück« oder »Wahrheit« zu erklären. Zu jedem dieser Begriffe hast du womöglich ein Gefühl, eine Sinneswahrnehmung oder eine Vorstellung in deinem Kopf. Doch kannst du dies jemand anderem so erklären, dass er genau dasselbe fühlt, wie du? Dies ist einer der Gründe, weshalb unser Leben den Sinn hat, den wir ihm geben. Nur wir allein sind fähig, unser Gehirn dahin gehend zu informieren, in welcher Form wir unser Leben gern hätten. Nur wir wissen ganz genau, was wir uns unter dem Begriff »Zufriedenheit« vorstellen. Und auch wenn wir dem Lebenssinn unserer Eltern nacheifern sollten, haben wir ihn von ihnen übernommen und ihn zu unserem eigenen gemacht. Wir tragen die Verantwortung für unser Leben, und wir entscheiden bewusst oder unbewusst, welche Glaubenssätze wir hegen und pflegen und in unserem Gehirn verankern. Der Lebenssinn ist etwas absolut Persönliches.

Lasse uns nun ganz praktisch deinen persönlichen Lebenssinn erarbeiten. Dazu brauchst du nichts weiter als ein Blatt Papier (mindestens DIN A4), auf dem deine Hand bequem Platz hat, und einen Stift. Nimm dir etwa eine Stunde Zeit. Es kann sein, dass du in 30 Minuten fertig bist. Vielleicht brauchst du aber auch mehrere Anläufe, bis du mit dem Ergebnis zufrieden bist. Entscheide dich für ein Tempo, das dir entspricht. Viel Spaß beim Entdecken deines Lebenssinnes!

ÜBUNG

Finde deinen Lebenssinn – so geht's!

Lege deine linke Hand (Linkshänder/innen nehmen die rechte Hand) mit der Innenfläche nach oben etwa mittig auf das Papier, und zeichne die Konturen deiner Hand nach. Schreibe die Worte »ICH BIN« in die gezeichnete Handfläche. Schreibe in den unteren Teil der Hand: »Mein Leben hat den Sinn, den ICH ihm gebe.«

Nun beginnt die eigentliche Arbeit: Schreibe um die Hand herum verteilt all die Werte, Ideale und Gefühle, die dir in deinem Leben ganz besonders wichtig sind. Notiere alles, was dir in den Sinn kommt. Das könnte zum Beispiel »Wahrheit«, »Vertrauen«, »Verlässlichkeit«, »Reichtum« etc. sein. Vielleicht steht am Ende nur ein Begriff auf dem Papier, vielleicht sind es ein Dutzend. Beides ist gut. Als Nächstes streichst du die Hälfte der Begriffe durch. Dazu wählst du diejenigen, die dir weniger wichtig erscheinen. Wiederhole dasselbe mit den verbliebenen Begriffen so lange, bis nur noch fünf übrig sind. Solltest du von Anfang an weniger als fünf Begriffe haben, dann überspringe diesen Schritt. Suche nun den Wert aus, der dir am wichtigsten ist, und hebe ihn hervor, indem du ihn doppelt unterstreichst oder umrandest. Schreibe diesen in die Hand unter »ICH BIN«.

Im nächsten Schritt füllst du die Finger mit Adjektiven zu den Begriffen, die du nicht durchgestrichen hast. Nimm zuerst deinen wichtigsten Begriff, und mache ein Adjektiv daraus. Aus »Liebe« wird zum Beispiel »liebevoll« oder »liebend«, aus »Friede« wird »zufrieden«, »friedlich« oder »friedvoll«. Sei kreativ, und nutze bei Bedarf ein Nachschlagewerk, das Internet oder frage jemanden, was ihm zu deinem Begriff einfällt. Wiederhole dies mit den anderen Begriffen. Hast du die Adjektive zu deinen Werten gefunden, so schreibe sie in die gezeichneten Finger hinein. Beginne mit dem wichtigsten Begriff, der deinen Lebenssinn zeigt, und schreibe ihn in den

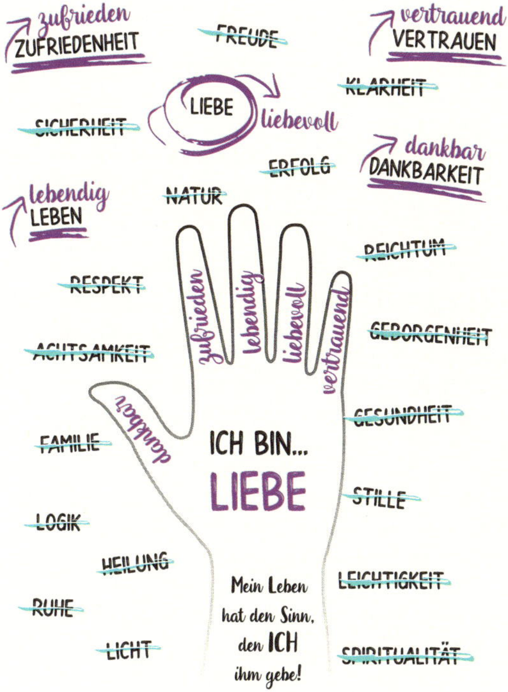

Finger, der dir spontan in den Sinn kommt. Entscheide aus dem Bauch heraus, und überlege nicht lange. Wiederhole diesen Schritt, bis in jedem Finger ein Adjektiv steht. Solltest du nur einen Begriff in der Hand und denselben als Adjektiv in einem der

Finger stehen haben, so ist das auch absolut perfekt und reicht vollkommen aus.

Schaue dir alles noch einmal in Ruhe an, und prüfe, ob die Begriffe in den Fingern stimmig sind und nicht in Konflikt zueinander stehen. Oft sind dies Eigenschaften, die deinen Lebenssinn um- und beschreiben. Wenn du fertig bist, hast du ein Bild deiner linken Hand vor dir, die mit der Handfläche nach oben zeigt und dir deine wichtigsten Werte präsentiert. Wunderbar gemacht. Gratuliere!

In der von dir beschrifteten Hand steht nun, welche Eigenschaften du hast, wenn du den Wert lebst, der dir am wichtigsten ist. In der Mitte deiner Hand steht dein Lebenssinn, und die Finger beschreiben deine Haltung im Leben. Wenn du auf diese Weise lebst, erfüllt sich dein Lebenssinn.

Schaue dir die Zeichnung deiner Hand nun in aller Ruhe an. Was siehst du? Was nimmst du wahr? Was kommt dir in den Sinn? Lasse dir ruhig ein paar Minuten Zeit. Wenn du magst, mache dir Notizen dazu. In der Mitte der Hand steht »ICH BIN« und der Wert, der deinem Leben seinen Sinn gibt. Lies den Satz laut vor. In unserem Beispiel würdest du nun hören: »Ich bin Liebe.« Sage es nochmals laut, und höre und fühle dabei in dich hinein. Was lösen diese Worte in dir aus? Fühlt es sich womöglich etwas unbehaglich, gar groß und mächtig an? Gut so. Genau so soll es sein, denn du bist großartig und mächtig. In dir stecken Möglichkeiten, die dir bis heute vielleicht noch gar nicht bewusst waren. Spüre dem nach. Nun zu den Fingern: Was steht da? Kannst du nachvollziehen, was du genau mit den Begriffen meinst? Was bedeuten diese Eigenschaften für dich? Sage auch diese laut vor dich hin: »Ich bin dankbar, zufrieden, lebendig, liebevoll, vertrauend.« Was immer in deiner Hand steht, lies es laut, und nimm wahr, was es in dir auslöst. Kommen dir diese Eigenschaften bekannt vor? Gibt es Momente in deinem Leben, in denen du danach handelst, auf diese Weise denkst oder sprichst? Wie helfen dir diese Eigenschaften dabei, dein Leben in die von dir gewünschte Form zu bringen? Es geht nicht darum, all diese Werte von heute auf morgen voll und ganz zu verkörpern und ein perfektes Leben zu führen. Die Idee besteht eher darin, in jedem Augenblick dein Bestes zu geben. Das Schöne daran ist, dass du jetzt damit beginnen kannst.

Stelle dir eine Situation in deinem Leben vor, die dich unzufrieden macht. Eine Herausforderung, die du als Problem bezeichnen würdest. Vielleicht gibt es einen Nachbar, über den du dich ärgerst, oder dein Kind macht wieder einmal nicht das, worum du es gebeten hast. Begib dich in Gedanken in diese Situation. Lasse sie nochmals vor deinem inneren Auge vorbeiziehen, und erinnere dich dann an das Bild deines Lebenssinnes. Lies, was da steht, in unserem Beispiel: »Ich bin Liebe – liebevoll, dankbar, zufrieden, lebendig, vertrauend.« Welcher deiner Werte wird in der Situation verletzt? Nehmen wir einmal an, du ärgerst dich über deinen Nachbarn, weil er sein Auto wieder einmal unmöglich und rücksichtslos auf deinem Rasen geparkt hat. Was verletzt er mit seinem Verhalten? Findest du es lieblos? Missbraucht er dein Vertrauen? Ist er undankbar? Stört er deine Lebendigkeit oder deinen Frieden? Was lässt du dir in dieser Situation von ihm nehmen? Nehmen wir weiter an, du findest sein Handeln undankbar. Weshalb? Wofür sollte er dankbar sein? Gibt es eventuell etwas, wofür du nicht dankbar bist? Vielleicht grüßt er immer so nett oder hat dir einmal geholfen, als du ein Problem im Haus hattest. Was auch immer dir Probleme mit deinem Nachbarn macht, es ist wahrscheinlich, dass es damit zusammenhängt, dass einer deiner Werte verletzt ist. Nun ist es aber so, dass wir nicht für das verantwortlich sind, was andere tun. Wir sind nur dafür verantwortlich, wie wir mit dem Handeln anderer umgehen, also was wir darüber denken und wie wir uns dabei fühlen, wie wir darauf reagieren. Prüfe in einer solchen Situation – bevor du handelst –, ob dein Denken, dein Sprechen und dein Handeln deinem Lebenssinn entsprechen. Denkst du liebevoll über deinen Nachbarn? Sprichst du liebevoll über und mit ihm? Handelst du liebevoll? Wenn du dir vornimmst, deinen Lebenssinn zu leben, lohnt es sich, deine Haltung bei jeglicher Herausforderung zu überprüfen. Wie könntest du angesichts des Verhaltens deines Nachbarn liebevoller, zufriedener, dankbarer, vertrauender und lebendiger mit ihm umgehen? Vielleicht möchtest du ihm dafür danken, dass er seinen Garten so gut pflegt, dessen Blumen du so sehr genießt. Dann bittest du ihn liebevoll darum, sein Auto auf eine andere Weise zu parken,

weil du dich in deinem Frieden gestört fühlst, wenn es mit den Hinterreifen auf deinem Rasen steht. Vielleicht ändert er sein Verhalten, vielleicht auch nicht. Vertrauend darauf, dass er es tun wird, und lebendig, weil du dich für dich einsetzt, wirst du nach dieser Tat zufriedener sein. Bis zum nächsten Ärger überlegst du, wie du deiner Lebenshaltung einen stärkeren Ausdruck verleihen kannst. Vielleicht hört dir der Nachbar nicht zu, weil er mit ganz anderen Problemen beschäftigt ist. Dann versuche es ein anderes Mal, oder frage liebevoll nach, wie es ihm geht. Sollte das alles nichts nützen, sagst du nichts mehr (liebevoller als ein Wutausbruch), und setzt dich für dich ein (liebevolle Tat), indem du einen schönen Topf mit Rosen dorthin stellst, wo er so gerne seine Hinterreifen parkt. Dann freust du dich über die gute Idee (liebevoller Gedanke), auf die du ohne die Hilfe des Nachbarn vielleicht gar nicht gekommen wärst.

Das klingt nun womöglich alles wie aus dem Bilderbuch für dich – zu schön, um wahr zu sein. Doch ich erlebe tagtäglich, dass es funktioniert. Sobald wir uns unseres Lebenssinnes bewusst sind und diesen mit der entsprechenden Einstellung leben, verändert sich unser Leben in die Richtung, die wir uns von Herzen wünschen. Mag sein, dass das Verhältnis zum Nachbarn nicht besser wird, doch wir können besser damit umgehen und werden zufriedener. Wahrscheinlicher ist es jedoch, dass unsere Haltung ansteckend ist und auch das Verhältnis zum Nachbarn davon profitiert. Lasse dich überraschen, und versuche es einfach. Der Gewinn ist wunderschön, denn du kommst dir und deinem Lebenssinn, deinem Lebenswunsch, immer näher.

Handeln wir in Liebe, lieben wir unser Selbst und hören wir auf unsere Intuition, die uns mit unserem Selbst und unserem Herzen verbindet, so treffen wir unsere Entscheidungen weise und nutzen den freien Willen in Einklang mit unserem Herzensweg. Dies alles beeinflusst unser Denken, unser Sagen und somit auch unser Handeln, und so pflanzen wir in jedem Augenblick neu, was uns in unserer Zukunft begegnen wird. Alles, was sich in unserem Leben zeigt, ist die Konsequenz dieses Prozesses. Alles, was uns in unserem Leben begegnet, wurde direkt oder indirekt von uns erschaffen. Es lohnt sich, diesen Prozess einmal genau unter die Lupe zu nehmen und sich bewusst zu machen, wie groß unser Einfluss auf unser Leben ist. Unser Handeln macht sichtbar, was wir in uns tragen. Unser Umgang mit anderen Menschen, mit der Natur oder mit einer Herausforderung zeigt uns genau, wie wir unser Selbst behandeln. Sind wir aufmerksam und nett uns gegenüber, so fällt es uns leicht, auch anderen Menschen achtsam und freundlich zu

begegnen. Herrschen Unfriede und Wut in uns, sind wir sauer oder zerplatzen fast vor Neid, so wird es uns schwerfallen, andere Menschen höflich und zuvorkommend zu behandeln. Und selbst wenn uns dies gelingt, so wird es nicht als echt wahrgenommen werden. Wenn wir an das Wunder in uns glauben und die fünf Geschenke in uns ganz bewusst ans Tageslicht bringen, so wird dies durch all unser Tun wirken. Unser Leben wird sich so verändern, dass sich das Innen und das Außen in einer Weise gleichen, die uns glücklich macht. Achte also gut darauf, wie du mit dir selbst umgehst, wie es mit deiner Selbstliebe steht. Entdecke die Kraft der Liebe, und verlasse dich auf deine Intuition. Bedenke, dass du immer eine Wahl hast. Du hast deinen freien Willen und kannst in jedem Augenblick neu entscheiden, wie du mit einer Situation umgehen willst, wem oder was du deine Kraft und deine Aufmerksamkeit schenken möchtest. Aufbauend auf alledem ergibt sich das Tun von ganz allein, und du wirst all die Dinge in deinem Leben erschaffen, die du dir von Herzen wünschst. Dein Leben wird die Form annehmen, mit der du in Frieden sein kannst, die dich mit Glück erfüllt und die dich die Liebe in allem wahrnehmen lässt.

Vielleicht hättest du gern noch mehr über die Geschenke des Lebens erfahren, hättest noch mehr Beispiele aus dem Alltag gelesen oder wärst gern tiefer in die einzelnen Themen eingetaucht. Mir ist es wichtig, dir die Essenz der fünf Geschenke des Lebens zu präsentieren. Nun ist es an dir, die Seiten deines Lebens mit deinen eigenen Erfahrungen und Erlebnissen mit den Geschenken zu füllen. Am Ende des Buches findest du eine Übersicht, die dir die fünf Geschenke auf einen Blick zeigt. Mache mit deinem Handy ein Foto davon, sodass die fünf Geschenke des Lebens dich in deinem Alltag begleiten, bis sie dir in Fleisch und Blut übergegangen sind. Es geht mir mit diesem Buch darum, deine Erinnerung an das zu wecken, was du in dir trägst und was dich tagtäglich umgibt. Du findest die Antworten auf all deine Fragen in deinem Inneren. Nimm dir regelmäßig Zeit mit dir, setze dich sozusagen mit deinem Selbst hin, und stelle dir die Fragen, die dich beschäftigen. Dann mache einfach gar nichts, lasse deinen Gedanken freien Lauf, und schaue, was aus deinem Inneren aufsteigt. Es kann sein, dass sich die Antworten umgehend zeigen, vielleicht tut sich aber auch gar nichts. Egal, wie es ist, ist es gut. Genieße die Ruhe, wiederhole die Frage, und dann lasse los. Nun gehe mit offenen Augen und Ohren durch den Alltag, und lasse dich überraschen, in welcher Form dir die Antwort begegnen wird. Du wirst sie erkennen, ganz sicher!

Die fünf Geschenke des Lebens lassen sich noch kürzer zusammenfassen, ihre Essenz hat gar in drei Wörtern Platz: **»Lieben. Sein. Tun.«** Sind wir uns der fünf Geschenke des Lebens bewusst und möchten wir diese nutzen, um bewusst unser Leben zu formen, so könnten diese Worte unser Motto dafür sein. Mit LIEBEN ist gemeint, alles, was ist, zu lieben, was wiederum bei uns selbst anfängt. Unsere Umwelt spiegelt umgehend, ob wir uns wirklich selbst lieben oder ob wir es nur vorgeben. Das Leben

schenkt uns immer wieder Möglichkeiten, zu prüfen, ob wir mit uns selbst im Reinen sind oder eben nicht. »Wie innen so außen« lautet eines der hermetischen Gesetze, und es lässt sich hier wunderbar beobachten. SEIN bedeutet, sich seines Selbst in jedem Augenblick neu bewusst zu werden. TUN steht für das Erschaffen. Mit unserem Handeln verwirklichen wir unser Selbst und bringen die Liebe ins Leben. Das können wir in Form unserer Arbeit, unserer Berufung tun oder auf die Weise, wie wir mit uns, der Natur und unseren Mitmenschen umgehen. Es kann aber auch tatsächliches Manifestieren von Gegenständen, vielleicht sogar Erfindungen oder Worten, wie diesen Zeilen hier, sein. Handeln wir aus der Liebe heraus, so ist es rein und unbelastet und schöpft direkt aus der Seele, dem Herzen. Das bringt Liebe, Ruhe und Frieden in die Welt. Dies ist das wahrhaftige Erschaffen der Welt, die wir uns von Herzen wünschen. Leben wir nach dem Motto **»Lieben. Sein. Tun.«,** in dieser Reihenfolge, können wir das Paradies auf Erden erschaffen. Oft wird es jedoch umgekehrt angewendet: Wir handeln mit dem Ziel, etwas zu sein und am Ende vielleicht der Liebe zu begegnen. Wir haben womöglich einen Beruf, bei dem wir viel Geld verdienen, um uns einen schönen Urlaub leisten zu können. Dort können wir dann endlich einmal entspannen und einfach nur sein (und von der Liebe träumen). Oder wir klettern ein Leben lang die Karriereleiter hoch (Tun), damit wir gutes Geld verdienen, einen Titel vorweisen können (Sein) und am Ende das Leben in vollen Zügen genießen können (Lieben). Dies wäre dann: **»Tun. Sein. Lieben.«** Du entscheidest, nach welchem Motto du leben möchtest.

Ich habe mich für **»Lieben. Sein. Tun.«** entschieden. Ich liebe meinen Beruf, in dem ich den Menschen von Herz zu Herz begegnen darf. Neben meiner Arbeit bleibt mir genug Zeit für meine Familie, Zweisamkeit mit meinem Mann, Begegnungen mit

Freunden oder für glückliche Stunden im Wald, in denen ich meinen Gedanken nachhängen und mein Selbst in Ruhe wahrnehmen kann. Es vergeht kein Tag, an dem ich nicht von Herzen Danke sage für alles, was in meinem Leben ist. Wir alle lernen unser Leben lang. Ich darf zum Beispiel noch lernen, mich in jeder Situation von Herzen zu lieben – genau so, wie ich bin. Auch fällt es mir manchmal noch schwer, Veränderungen in mein Leben zu bringen, die mir guttun würden. Doch auch das kann ich immer besser. Ich entspanne mich und bin immer öfter für andere Menschen da, weil sich nicht mehr alles um mich dreht. So spiegelt sich meine

Liebe zu mir in der Liebe für andere. Das Schönste ist für mich, dass ich nicht mehr auf Erfolg aus bin, seitdem ich nach dem Motto **»Lieben. Sein. Tun.«** lebe. Ich strebe nichts mehr an, denn ich bin schon dort, wo ich hinwill: in der Liebe. Auch unser Selbst, die goldweiße Flamme in uns, folgt diesem Motto. Das Licht dieser Flamme ist immer da. Nehmen wir es wahr, so ist das Liebe. Lassen wir es in uns wirken, so ist das Sein, und wenn wir es durch uns wirken lassen, so ist das Tun, und wir tragen die Liebe, die wir über die Selbstliebe wahrnehmen, ins Außen. So bringen wir Frieden in die Welt. Würde jeder Mensch sich in Selbstliebe annehmen und Frieden mit sich schließen, gäbe es mehr Frieden auf der Welt.

DAS LEBEN
MEINT ES GUT MIT UNS

Mein Start ins Leben war schwierig. Als jüngstes von vier Geschwistern wuchs ich in einem Hotel auf. Meine Eltern waren viel beschäftigt, meine Geschwister gingen ihre eigenen Wege, und ich wurde mir selbst überlassen. Mich plagten oft Albträume, noch als Teenager lutschte ich am Daumen und als Legasthenikerin genoss ich in der Schule eine Sonderbehandlung. Die Scheidung meiner Eltern brachte das Fass zum Überlaufen, und ich beschloss, das Opferdasein aufzugeben und mich von diesem Zeitpunkt an selbst um mich zu kümmern, statt die Aufmerksamkeit anderer zu ersehnen. Wie bewusst ich diese Entscheidung getroffen habe, weiß ich heute nicht mehr. Doch ich kann mich gut daran erinnern, wie ich als Fünfzehnjährige in Bücher mit Kinderfotos von mir vertieft ein Bild entdeckte, auf dem ich meine ersten Schritte tat. Mein Gesichtsausdruck war bezaubernd. Man sah mir an, wie glücklich ich darüber war, dass ich nun auf eigenen Beinen die Welt entdecken und erobern konnte. Dieses Gefühl wollte ich wieder haben. Eine

wichtige Begegnung erlebte ich in dieser Zeit mit meiner Legasthenielehrerin. Sie schenkte mir Zeit und nahm mich so an, wie ich war. Da erkannte ich, dass ich genau das brauchte und mir von Herzen wünschte: das Gefühl von Angenommensein. Dass ich einfach so sein durfte, wie ich war. Drei Dinge sind mir damals klar geworden: 1. Das Wertvollste für mich ist Zeit. 2. Jede Begegnung ist heilig. 3. Es ist meine Entscheidung, wie ich mein Leben führen möchte. Ich kann in Abhängigkeit von anderen leben und auf das Gefühl warten, angenommen zu sein, oder ich kann es selbst in die Hand nehmen. Von diesem Moment an erforschte ich das Leben. Nach und nach entdeckte ich das Wunder des Seins:

Das Leben meint es gut mit mir. Die fünf Geschenke des Lebens sind das Ergebnis des Wunsches, dieses Wunder in Worte zu fassen und all das weiterzugeben, was ich auf meinem Weg gelernt habe. Noch heute begleitet mich der Wunsch aus meiner Kindheit, dass alle Menschen glücklich sind, sich lieben – so, wie sie sind. Dass wir die Natur, das Leben und einander achten und jeder so sein darf, wie er ist, auf seine Weise. Daraus ist mein Lebensmotto entstanden: Möge ich voller Frieden sein, frei von Erwartungen und Urteilen. Zugegeben, das gelingt mir noch nicht immer, aber jeden Tage ein bisschen besser. Mögest du das Wunder des Lebens erfahren und entdecken, was dein Lebenssinn ist, dich so lieben, wie du bist, und dein Leben in die Hände nehmen. Mache es zu dem, was du dir von Herzen wünschst.

Von Herz zu Herz
Tatjana Bangerter

Der Weg

Der Weg formt sich unter deinen Füßen,
Schritt für Schritt.
Wohin auch immer du gehst, sei dir stets bewusst,
wonach du dich ausrichtest.
Ist es die Hingabe an das Leben?
Geschieht es im Gewahrsein der bedingungslosen
Liebe?
Oder gehst du einfach nur Schritt für Schritt,
im Wissen, dass es das Leben gut mit dir meint?

DIE 5 GESCHENKE DES LEBENS AUF EINEN BLICK

Die Liebe

Liebe dich selbst, und entdecke die Liebe in allem, was ist. Es gibt nichts als die Liebe. Alles ist aus Liebe gemacht.

Das Selbst

Frage dich immer wieder »Wer bin ich?«, und spüre nach, was übrig bleibt, wenn das Ich beginnt, sich aufzulösen.

LIEBEN. SEIN. TUN.

DAS MOTTO FÜR EIN SELBSTBESTIMMTES LEBEN IN LIEBE.

Die Intuition

Dein Selbst spricht über deine Intuition mit dir. Höre auf diese innere Stimme, und nimm wahr, was dein Herz dir sagen möchte.

Der freie Wille

Du hast die Wahl, wie du dich entscheidest. Solltest du einmal keinen Einfluss auf ein Geschehen haben, so kannst du immer noch entscheiden, wie du damit umgehen willst.

Die Schöpferkraft

Mit deinem Denken, Sagen und Tun bestimmst du, welche Form dein Leben annimmt. Denke daran: In jedem Augenblick erschaffst du deine Zukunft neu.

DANKE

Danke all den Menschen, die mich dazu ermutigt und dabei begleitet haben, mein Herz zu öffnen und diese Erfahrungen zu Papier zu bringen. Besonders wichtig dafür waren für mich meine Klienten/innen und meine Familie. Beim Schreiben des Buches gab es immer wieder Momente, in denen ich mir nicht sicher war, ob ich etwas klar und verständlich formulierte oder ob es wirklich an der passenden Stelle geschrieben stand. Meine Lektorin hat sie alle gefunden und die Texte bereichert. Dank des Vertrauens und der professionellen Arbeit des Schirner Verlages hältst du »Die fünf Geschenke des Lebens« nun in deinen Händen. Ich danke dir für dein Interesse an diesem Buch und dafür, dass du dich für das Wunder, das du bist, öffnest.

ZUR AUTORIN

Tatjana Bangerter arbeitet als Kinesiologin und Lebensberaterin in eigener Praxis. Sie hat es sich zur Aufgabe gemacht, Menschen in herausfordernden Lebenssituationen liebevoll und achtsam zu begleiten. Als Expertin für Herzenskommunikation verbindet sie Menschen mit ihrer Seele und möchte sie dazu ermutigen, mit dem eigenen Herzen in Berührung zu kommen.

www.tatjanabangerter.ch

BILDNACHWEIS

Bilder von der Bilddatenbank www.shutterstock.com:

Schmuckgrafiken auf allen Seiten: Blätterranken: # 163202996 (©Eva Kali), Geschenk auf S. 16–60: # 210760744 (©sumkinn), Geschenk auf S. 92–93: # 1051861265 (©Dmitriy Kalina)

S. 5: # 662639530 (©N_Sakarin), S. 7: # 700103293 (©Janossy Gergely), S. 8: # 319382432 (©LawSayWhich), S. 11: # 226831216 (©Africa Studio), S. 14: # 346221521 (©Africa Studio), S. 15, 26, 33, 42, 50: # 518957209 (© FabrikaSimf), S. 17: # 244651840 (©Andrekart Photography), S. 20: # 284113427 (©AstroStar), S. 23: # 315047915 (©Soloviova Liudmyla), S. 24: # 140005699 (©Aleksandr Kutakh), S. 29: # 139501574 (©Dimedrol68), S. 31: # 565027339 (©Jet Cat Studio), S. 36: # 199984700 (©fotohunter), S. 41: # 435977374 (©CRISTIAN IONUT ZAHARIA), S. 44: # 435721300 (©Mimadeo), S. 47: # 1055471009 (©bezikus), S. 48: # 572141488 (©iPhoto-Thailand), S. 52: # 304744709 (©Rido), S. 55: # 484226635 (©Pawel Kazmierczak), S. 56: # 227027890 (©asife), S. 65: # 578726167 (© Leonid Ikan), S. 68: # 795691579 (©Dmitry Molchanov), S. 73: # 130643060 (©Paola Crash), S. 73: # 530772007 (©Maksim Zaikov), S. 78: # 213223357 (©iravgustin), S. 81: # 605055086 (©Viktoriia Photographer), S. 84: # 582427390 (©Iryna Inshyna), S. 86: # 1039210720 (©Simon Bratt), S. 89: # 644178034 (©Olga Danylenko), S. 91: # 143098540 (©Mari-dav), S. 92, 93: # 336993668 (©Mr.Yotsaran)